CONTENTS

Iván Carmelo Álvarez	1
CONTABILIDAD	3
CONTENIDO	4
INTRODUCCIÓN	6
TEMA I - formacion del capital	7
TEMA II- La partida Doble	23
TEMA III - Ventas y Compras a Credito	36
LIBRO DIARIO - El Debe y el Haber	45
TEMA N° IV - Gastos e Ingresos	48
LIBRO DIARIO	51
TEMA V	53
TEMA N° V - Libro Mayor	54
BALANCE DE COMPROBACIÓN	64
TEMA VI - Cuentas Reales y Nominales	77
TEMA VII - Hoja de Trabajo	82
HOJA DE TRABAJO SIMPLE	83
TEMA VIII	91

IVÁN CARMELO ÁLVAREZ

LICENCIADO, CONTADOR;

PROFESOR DE CONTABILIDAD Y GERENCIA;

LICENCIADO EN DIFICULTADES DE APRENDIZAJE

IVÁN CARMELO ÄLVAREZ

CONTABILIDAD
PRÁCTICA
PARA EMPRENDEDORES

CONTENIDO

TEMA I

FORMACIÒN DEL CAPITAL

DEFINICIÒN DEL CAPITAL
BALANCE GENERAL INICIAL
ECUACIÒN DEL PATRIMONIO

TEMA II

CUENTAS
INVENTARIOS

LIBRO DE INVENTARIO

EL LIBRO DIARIO

COLOCACIÒN DE CUENTAS DEL DEBE Y DEL HABER

TEMA III

VENTA A CRÈDITO
COMPRAS A CRÈDITO
COBROS Y PAGOS

TEMA IV

LOS GASTOS E INGRESOS

PRINCIPALES CUENTAS DE GASTOS

CUENTAS DE INGRESOS

TEMA V

EL LIBRO MAYOR

PASES AL MAYOR
APERTURAS DE FOLIOS EN EL MAYOR
CARGOS Y ABONOS LAS CUENTAS DEL MAYOR
REFERENCIAS EN LOS LIBROS DIARIO Y MAYOR
SALDOS DE LAS CUENTAS; BALANCE Y DETERMINACIÒN
DE CARGOS

BALANCE DE COMPROBACIÒN

TEMA VI

Cuentas Reales Y Nominales

TEMA VII

Hoja De Trabajo

TEMA VIII

Los Estados Financieros

INTRODUCCIÓN

El presente libro ha sido una iniciativa propia de muchos emprendedores, de pequeñas y medianas empresas, quienes a lo largo de los años, han mostrado interés en saber el estado de su negocio, en tiempo real y mas conocer de, sus activos, sus pasivos y su capital; así como sus cuentas por cobrar, y el cómo tener una información constante y diaria de sus ingresos y sus egresos; por ello y trabajando muchos años con empresas, las cuales he venido asesorando en el ámbito, contable y gerencial, y tomando en cuenta sus necesidades, hemos preparado este libro de Contabilidad para Emprendedores, que contiene no solo los puntos mencionados anteriormente, sino que también va mucho mas allá, y les enseña a elaborar los balances y hoja de trabajo; con lo cual tienen un nivel de preparación y capacitación de un Auxiliar de Contabilidad.

Hemos obviado la retórica y teorías innecesarias, y nos hemos enfocado, en explicar en una forma completamente práctica, todos los aspectos contables que debe llevar una pequeña empresa, con claros ejemplos y ejercicios, que les muestra en una forma clara y muy sencilla, como llevar los diferentes controles, que hacen del material un aliado del comerciante.

El diseño de este libro, esta dirigido a cualquier persona, sin importar su grado de instrucción, se ha trabajo con técnicas de aprendizaje, para hacer del material, muy fácil de comprender y entender.

TEMA I - FORMACION DEL CAPITAL

DEFINICIÒN DE CONTABILIDAD:

La definición más acertada que al respecto existe es que la CONTABILIDAD es el arte de registrar, clasificar y resumir en forma significativa y en término de dinero, las operaciones y los hechos que son, cuando menos en parte, de carácter financiero, así como de interpretar sus resultados.

Las operaciones comerciales han de registrarse y clasificarse para después resumirse e interpretarse; y lo segundo, resumen e interpretación constituye un problema de juicio.

Actualmente se describe a la Contabilidad como un proceso de razonamiento e interpretación. LA CONTABILIDAD ES UN PROBLEMA DE LOGICA, NO DE ARITMETICA.

Contabilidad es una Ciencia y como toda ciencia, cada día, cada año, va en desarrollo. Es la ciencia que nos enseña a desarrollar y ordenar las cuentas de una empresa, creando las reglas y procedimientos necesarios que nos permite en forma ordenada, precisa y controlada, las sin número de transacciones que se pueden originar en una negociación o empresa, de tal manera que se pueden conocer el estado de los negocios siempre y cuando sea necesario.

TEMA N° I

FORMACIÓN DEL CAPITAL
DEFINICIÓN DEL CAPITAL
BALANCE GENERAL INICIAL
ECUACIÓN DEL PATRIMONIO

FORMACIÓN DEL CAPITAL:

Cuando se habla de capital, decimos, por ejemplo: El Sr. Martínez es un capitalista, la Sra. "X" es un capitalista, con lo cual estamos indicando que tienen riquezas; dinero, propiedades, maquinarias, equipos, etc.

Con lo anterior podemos concluir lo siguiente:

EL CAPITAL: Es la suma de todos los bienes que una persona o empresa poseen, por lo cual deducimos que no solo se forma con el dinero, sino con todos los bienes que puedan tener, tales como: dinero, edificios, vehículos, terrenos, mobiliarios, equipos, etc.

Ejemplo: Cuál sería el Capital de la casa Guaicaipuro, si tiene los siguientes bienes:

Dinero	Bs. 11.320, oo
Edificios	Bs. 980.000, oo
Vehículos	Bs. 240.000, oo

Si este negocio solo tiene esos bienes, realizamos una suma

y obtendremos el Capital bruto o total.

Así:

Bienes de la casa Guaicaipuro

Dinero en efectivo	Bs.	11.320, oo
Edificios	Bs.	980.000, oo
Vehículo	Bs.	240.000, oo

TOTAL BIENES   Bs. 1.231.320, oo

Ejercicios para que usted resuelva:

Determine el Capital de la Casa el Llano, si tiene los siguientes bienes:

Dinero en efectivo	Bs.	8.915,40
Vehículo	Bs.	114.000, oo

Las mercancías en una empresa:

Tenemos por ejemplo que una Ferretería tiene de mercancías:

> Cabillas
> Cemento
> Tornillos
> Herramientas
> Artículos sanitarios
> Equipo
> Otros artículos

Dichos artículos representan las mercancías del negocio; o sea, representa lo que la ferretería ha comprado para vender, entonces diremos que la mercancía es un negocio, es todo lo que el negocio tiene para la venta.

¿Qué son las mercancías para un negocio?

Ejercicios para usted.

¿-Cuáles son las mercancías de una tienda? De tres ejemplos.

- Cuáles son las mercancías
- ¿En una casa que vende repuestos para automóviles? De cinco ejemplos.
- ¿Cuáles serían las mercancías para un supermercado? De cinco ejemplos.

Si ya han quedado claro los ejercicios anteriores, vamos a Determinar el Capital de una casa de juguetes que tiene los siguientes bienes:

Dinero en efectivo	Bs.	15.102, oo
Pelotas y piñatas	Bs.	56.700, oo
Patines	Bs.	14.300, oo
Muñecas	Bs.	78.500, oo
Triciclos	Bs.	30.190, oo
Otros juguetes	Bs.	118.740, oo

Tiene un vehículo para la compra y venta de juguetes, cuyo valor es de Bs. 130.000, oo

Entonces tenemos:

SOLUCIÓN
CAPITAL CASA DE JUGUETES

BIENES:

Dinero en efectivo	Bs. 15.102,10
Mercancías	Bs. 307.340, oo
Vehículo	Bs. 130.000, oo
TOTAL BIENES	Bs. 452.442,10 SU CAPITAL

EXPLICACIÓN: Cuenta de Mercancías

Como tenemos diferentes artículos que componen las

mercancías, las sumamos y sacamos un solo total, que es el total de las mercancías.

Así:

Pelotas y piñatas		Bs. 56.700, oo
Patines	Bs. 14.300, oo	
Muñecas		Bs. 78.500, oo
Triciclos		Bs. 39.100, oo
Otros juguetes		Bs. 118.740, oo
TOTAL MERCANCIAS		Bs. 307.340, oo

Práctica para resolver:

La casa de Deportes Venezuela, que se dedica a la compra y venta de artículos deportivos, tiene los siguientes bienes:

Dinero en efectivo	Bs. 19.080, oo
Guantes de cuero	Bs. 17.315, oo
Caretas y cascos	Bs. 29.105, oo
Zapatos varios	Bs. 113.480, oo
Pelotas varias	Bs. 36.900, oo
Trofeos varios	Bs. 21.000, oo
Uniformes	Bs. 126.800, oo
Artículos de pesca	Bs. 11.720, oo
Mesas de Ping-pong	Bs. 35.500, oo
Cronómetros	Bs. 10.200, oo
Otros equipos y útiles Deportivos	Bs. 149.301,50

Tiene además un vehículo para el uso del negocio, cuyo valor es de Bs. 145.000, oo.

Observando el ejercicio anterior ya resuelto, determine usted. El capital de la casa de deportes de Venezuela.

A continuación, los conceptos de las cuentas de edificación, mobiliario y equipos de oficina.

Al finalizar estos conceptos hay un ejercicio para que usted lo resuelva.

No avance sino resuelve satisfactoriamente estos ejercicios.

Edificios. Edificaciones. Bienes inmuebles:

Con cualquiera de estos tres nombres, se puede llamar a:

a) Una casa
b) Un local
c) Un edificio
d) Un depósito
e) Cualquiera otra construcción

TERRENOS: El terreno se contabiliza aparte de la construcción, por lo tanto, el costo de terreno se registra en cuenta aparte al costo de la construcción.

Se dice, por ejemplo: la ferretería el llano tiene su propio local, donde funciona, cuyo costo es de Bs. 780.000, oo; entonces estamos hablando de Edificio, Edificaciones, Bienes inmuebles. Como no podemos en Contabilidad usar tres nombres a la vez para definir una cosa, utilizaremos el de "Edificaciones", para definir cualquiera de los inmuebles antes mencionados.

Entonces diremos: la Ferretería el Llano tiene en Edificaciones Bs. 780.000, oo. Si además tiene lo siguiente.

Dinero en efectivo   Bs. 53.600, oo
Mercancías   Bs. 110.430,20
Vehículo   Bs. 145.000, oo

¿Cuál sería el capital?

SOLUCION

Bienes:

Dinero en efectivo	Bs. 53.600, oo
Mercancías	Bs. 110.430,20
Vehículo	Bs. 145.000, oo
Edificaciones	Bs. 780.000, oo

TOTAL BIENES   Bs. 1.089.030,20 SU CAPITAL

MOBILIARIO:

Se refiere como su nombre lo indica a bienes muebles; es decir, a todo lo que sea muebles, ejemplo:

a) Las estanterías utilizadas para colocar mercancías.
b) Los gabinetes.
c) Los mostradores
d) Las sillas
e) Escritorios
f)   Armarios
g) Otros.

Cuando se dice la Empresa "X" tiene, además de otros bienes, Dos armarios (c/u) cada uno en Bs. 48.000, oo para uso del negocio, entonces diremos que tiene MOBILIARIO por Bs. 96.000, oo.

2 armarios a Bs. 48.000, oo c/u = 96.000, oo

También se les llama a los muebles "Muebles y Enseres", siendo más utilizado por los contadores que el de MOBILIARIO.

EQUIPO DE OFICINA.

La palabra equipo nos da la idea de un conjunto de cosas, o de varias cosas; cuando decimos equipos de oficina, nos estamos refiriendo a los bienes que se utilizan en una oficina para el trabajo diario, como lo son:

a) Máquinas de escribir, eléctricas o manuales
b) Máquinas calculadoras
c) Máquinas protectoras de cheques
d) Sacapuntas eléctricos
e) Foto- copiadoras
f) Multígrafos
g) Otros.

Muchos contadores engloban en una sola cuenta los mobiliarios Y equipos de oficina.

Existen otras cuentas de equipos que no son de oficina, aunque algunos contadores los incluyen; ellos son:

a) Equipo de limpieza
b) Equipo de aire acondicionado
c) Equipo de computación, etc.

PRACTICA PARA RESOLVER:

La librería el Lápiz S.A., se inicia con lo siguiente: Dinero en efectivo Bs. 15.000,oo; en textos escolares Bs. 218.840,oo; en novelas Bs. 47.000,oo en cuadernos varios Bs. 32.600,oo; en lapiceros Bs. 12.000,oo; en carpetas varias Bs.47.000,oo; en otros artículos de oficina Bs. 117.000,oo; en otras mercancías Bs. 89.200,oo; tiene (5) cinco armarios donde colocan los libros y artículos para la venta, cuyo costo de c/u es de Bs. 54.000,oo; en la oficina tienen una máquina calculadora eléctrica, cuyo valor es de Bs. 10.950,oo; una máquina de escribir manual, por Bs. 11.200,oo; dos (2) sillas de Bs. 250,oo c/u ; un escritorio ejecutivo de Bs. 12.000,oo; dos (2) mostradores, c/u Bs. 38.600,oo; tienen una camioneta para el uso del negocio, cuyo costo fue de Bs. 225.000, oo; tienen un local para depósito, cuyo costo fue de Bs. 360.000, oo; el local donde funciona el negocio es propio y su costo fue de Bs. 175.000, oo; el terreno del local de depósito costó Bs. 100.000, oo y del negocio Bs. 80.000, oo.

CUENTAS A COBRAR.

También se puede decir, Cuenta por Cobrar, se refiere a todas las deudas a favor de la persona o empresa. Si alguien nos debe entonces tenemos cuentas por cobrar.

A quienes nos deben los llamamos "Deudores".

Ejercicio:

Vamos a suponer que la Compañía ICARIS, tiene los siguientes deudores: Pedro M. Bs. 38.500, oo; Construcciones Siga, Bs. 64.000, oo y Casa López y López Bs. 11.350, oo todos según facturas.

Entonces diremos que la Compañía ICARIS, tiene en cuenta por cobrar Bs. 113.850, oo.

Ejercicio: Determinar el capital de este negocio.

Un negocio tiene lo siguiente:

Dinero en efectivo	Bs. 26.800, oo
Deudores: Casa Mujica	Bs. 17.800, oo
Compañía de oficina	Bs. 26.400, oo
Abasto el Indio	Bs. 80.000, oo
Sr. José Martínez	Bs. 67.100, oo

Un camión para su uso por Bs. 300.000, oo
Mercancías por Bs. 610.501,20
Un local que costó Bs. 400.000, oo; incluido el valor del terreno en Bs. 135.000, oo.

SOLUCION
NEGOCIO "XX"
BALANCE GENERAL
Al día_____

Bienes:

Dinero en efectivo	Bs.	26.800,oo
Cuentas a cobrar	Bs.	191.300,oo
Mercancías	Bs.	610.501,20
Edificación	Bs.	265.000,oo
Terreno	Bs.	135.000,oo
Vehículo	Bs.	300.000,oo

TOTAL   Bs. 1.528.601,20

Ejercicio para usted: Si entendió la solución del ejercicio anterior, resuelva el presente.

El Sr. Adán Crespo, instala una zapatería y aporta lo siguiente:

Zapatos tipo A por	Bs.	122.700,oo
Zapatos tipo B por	Bs.	81.900,oo
Dinero	Bs.	39.400,oo
Armarios	Bs.	160.000,oo
Una camioneta	Bs.	90.000,oo
Estantes	Bs.	55.000,oo
Una máquina sumadora	Bs.	3.600,oo
Una poltrona	Bs.	8.000,oo
Deudores: Sr. M	Bs.	33.000,oo
Casa K	Bs.	45.000,oo

Efectos o Documentos por cobrar.

En esta cuenta se incluyen todas las deudas a favor de la empresa que están respaldadas por pagaré, letras o giros.

DIFERENCIAS ENTRE CUENTAS A COBRAR Y EFECTOS A COBRAR.

La diferencia que hay entre ambas es que en cuentas a cobrar se registran las deudas respaldadas por facturas, recibos, notas, etc., y en efectos a cobrar se registran las deudas respaldas por pagaré, letras o giros.

PRESTAMOS POR COBRAR.

Se incluyen en esta cuenta los préstamos efectuados.

INTERESES POR COBRAR.

Se incluyen en esta cuenta todos aquellos intereses ya vencidos y que no se han cobrado.

Todas las cuentas deudoras también pueden ser acreedoras, es decir, por pagar; Ejemplo: Efectos a pagar, Hipotecas a pagar, Préstamos por pagar, etc. Más adelante iremos viendo otras cuentas.

Ejercicio para usted.

Un taller desea saber su capital y lo contrata a usted, para que le haga un Balance General, dándole la siguiente información: Dinero en el Banco Bs. 150.000, oo; Herramientas y equipos Bs. 340.000, oo; Calculadoras por Bs. 6.000, oo; le adeudan una factura por Bs. 17.800, oo y nueve (9) giros a Bs. 4.100,00 c/u.

CUENTAS A PAGAR.

Aquí se incluyen todas las deudas que tenga la empresa, es decir, todo lo contrario, a las cuentas a cobrar.

A todo a quien se le debe se llama acreedor, Ejemplo: El negocio adeuda una factura a la Fábrica Holanda por Bs. 10.000, oo; entonces diremos que tenemos cuentas por pagar por Bs. 10.000, oo.

EFECTOS A PAGAR

Deudas de la empresa respaldadas por pagaré, letras o giros.

PRESTAMOS POR PAGAR O PRÉSTAMOS RECIBIDOS.

Deudas de la empresa por concepto de préstamos.

HIPOTECAS A PAGAR.

Deudas de la empresa respaldadas por una hipoteca.

CAPITAL LIQUIDO O NETO.

Es la diferencia entre el total de bienes= Activos y el total de deudas= Pasivos

Ejemplo. Una empresa tiene en bienes Bs. 160.000, oo y deudas por Bs. 40.000, oo. ¿Cuál es su capital neto?

SOLUCIÓN

Total bienes	Bs.	160.000, oo
Total Deudas	Bs.	40.000, oo
CAPITAL NETO		Bs. 120.000, oo

Práctica Resuelta:

Se instala una mueblería denominada "Mueblería Boyacá", con lo siguiente: En dinero en efectivo, Bs. 32.405,10; televisores por Bs. 415.000, oo; juegos de cuartos, Bs. 180.600, oo; juegos de comedor, Bs. 150.000, oo; Deudores: Sr. Enrique Camacho, Bs. 35.400, oo. Acreedores: Banco Venezuela, Bs. 50.000, oo. Sr. Teófilo Oropeza, Bs. 10.000, oo; Fábrica Nacional del mueble, Bs. 115.000, oo; Muebles Venecia C.A. (Compañía Anónima) Bs. 83.000, oo; tienen estantería por Bs. 186.000, oo. La deuda del Sr. Enrique Camacho es según factura y la deuda con Muebles Venecia es según Pagaré por Bs. 50.000, oo y la diferencia según factura.

SOLUCION
Determinación del Capital
Mueblería Boyacá
Balance General
Al_____

Bienes=Activos

Dinero en efectivo	Bs. 32.405,10
Mercancías	Bs. 745.600, oo
Ctas. A Cobrar	Bs. 35.400, oo
Mobiliario	Bs. 186.000, oo
Total Bienes	Bs. 999.405,10

Deudas = Pasivos

Préstamos a pagar	Bs. 50.000, oo
Ctas. A pagar	Bs. 158.000, oo
Efectos a pagar	Bs. 50.000, oo
Total deudas	Bs. 258.000, oo
Capital mueblería	Bs. 741.405,10
Total Pasivo + Capital	Bs. 999.405,10

Operación:

Bienes	Bs. 999.405,10
Menos deudas	Bs. 258.000, oo
Capital	Bs. 741.405,10

Prácticas para resolver:

Una empresa tiene bienes por Bs. 200.000, oo y deudas así: Una factura por Bs. 15.000, oo; una letra por Bs. 20.000, oo; un préstamo por Bs. 30.000, oo. ¿Cuál es su capital neto?

LOS ACTIVOS.

Todos los bienes de una persona o empresa, se denominan ACTIVOS.

Ejemplos de activos:	El dinero en efectivo
Los Vehículos	

El mobiliario.
El equipo de oficina.
Las mercancías.
Las Ctas. A cobrar
Edificaciones
Terrenos, etc.

En conclusión, activos son todas las cosas de valor que se poseen. Muchos activos son utilizados por la empresa con el fin de que le presten un servicio, no con el fin de vender. Ejemplo:

Vehículos.
Edificios
Mobiliario, etc.

Otros activos son utilizados para llevar a cabo las operaciones del negocio, como lo son el dinero, que se utiliza para comprar mercancías, que luego se venden y se recibe nuevamente dinero.

Cuando hablamos de bienes, estamos hablando de activos.

Práctica semi-resuelta:

Un negocio tiene los siguientes bienes:

Mercancías	Bs. 19.900, oo
Vehículo	Bs. 12.000, oo
Ctas. A cobrar	Bs. 3.300, oo

Pregunta:

¿Cuál es el monto de sus activos?

Activos:

Mercancías	Bs. 19.900,oo	
Vehículo	Bs. 12.000,oo	CAPITAL_____?
Ctas. A Cobrar	Bs. 3.300,oo	
Total Activos	Bs. 35.200,oo	

Pregunta: Cuál sería su capital si le debe a un Banco Bs. 5.000,oo y a un negocio Bs. 2.500,oo?

EL PASIVO.

Un pasivo es todo lo que sea una deuda; es decir, por ejemplo: Ud. Le debe a un amigo Bs. 200, oo, quiere decir que usted tiene pasivos por Bs. 200,oo. Igualmente sucede en una empresa. Cuando tiene 200.000,oo Bs. En activos, y tiene 50.000,oo Bs. En pasivos, estamos indicando que solamente podría contar con la diferencia, o sea, con los 150.000, oo Bs., que es realmente lo que quedaría si pagase esos pasivos. Esta diferencia es lo que se denomina Capital.

CAPITAL: Ecuación del Patrimonio.

Se llama CAPITAL a la diferencia entre Activos y Pasivos, que se determina mediante la ecuación del patrimonio que dice: A - P= C, es decir, Activos menos Pasivos es igual a Capital.

Prueba de exactitud:

Para comprobar que el Capital fue determinado correctamente, bastaría sumar los Pasivos más el Capital y este resultado debe ser igual a la suma de los Activos:

Si A – P= C, Ecuación del Patrimonio.
Si C + p= A, Prueba
Práctica resuelta.

La Casa Ayacucho tiene lo siguiente: Dinero en efectivo Bs. 40.000,oo; Vehículo Bs. 125.000,oo; deudores: Compañía Caracas Bs. 13.100,oo. Según factura . Acreedores: Banco Tuy Bs. 10.000,oo; Banco Miranda Bs. 15.000,oo; Distribuidora Nacional Bs. 6.000,oo.

SOLUCION
NEGOCIO CASA AYACUCHO
BALANCE GENERAL

AL _____

Activos:

Dinero en efectivo	Bs. 40.000,oo
Vehículo	Bs. 125.000,oo
Ctas. A Cobrar	Bs. 13.100,oo
Total Activos	Bs. 178.100,oo

Pasivos:

Ctas. A Pagar	Bs. 6.000,oo
Préstamos a pagar	Bs. 25.000,oo
Total Pasivos	Bs. 31.000,oo

Capital:

Cap. Del negocio	Bs. 147.100,oo
Total Pasivo y Capital	Bs. 178.100,oo

Nótese en este ejercicio, que la suma del pasivo, más el capital es igual a la suma de los activos $P + C = A$.

Ejercicio para usted: Haga un Balance General.

La Distribuidora Caracas se inicia con lo siguiente: Dinero en efectivo Bs. 81.600,oo; Acreedores: Mueblería Tuy Bs. 15.000,oo; Casa Miranda Bs. 10.500,oo; José y Cía. Bs. 8.750,oo según giros.

Tiene para uso en la oficina lo siguiente: 3 máquinas calculadoras a Bs: 11.750,oo c/u; dos escritorios así: uno por Bs. 1.650,oo y otro por Bs. 5.400,oo; 4 sillas fijas a Bs. 230,oo c/u; un multígrafo en Bs. 14.200,oo; una silla ejecutiva Bs. 500,oo; 5 Máquinas de escribir a Bs. 2.000,oo c/u; un gabinete Bs. 9710,oo; para uso del negocio tiene una camioneta por Bs. 165.000,oo.

NOTA: Fíjese en la solución al ejercicio anterior a este.

TEMA II- LA PARTIDA DOBLE

TEMA No. II

CUENTAS
INVENTARIOS
LIBRO DE INVENTARIO

ASIENTO INICIAL

LIBRO DE DIARIO

PARTIDA DOBLE
PRACTICAS

CUENTAS:

Son las anotaciones que se hacen para registrar el movimiento de los Activos de los Activos, Pasivos, Capital, Ingresos, Egresos.

Por ejemplo: Cuando hablamos de dinero en efectivo, estamos hablando de efectivo, estamos hablando de la Cuenta Dinero en efectivo que también se le llama CAJA.

Se le da el nombre de caja al dinero en efectivo, debido a que todo el movimiento de dinero radica en la caja; es decir, que el dinero en una empresa sale o entra a la caja, es por eso, que se le llama CAJA.

El dinero en efectivo lo podemos descomponer en las siguientes Cuentas:

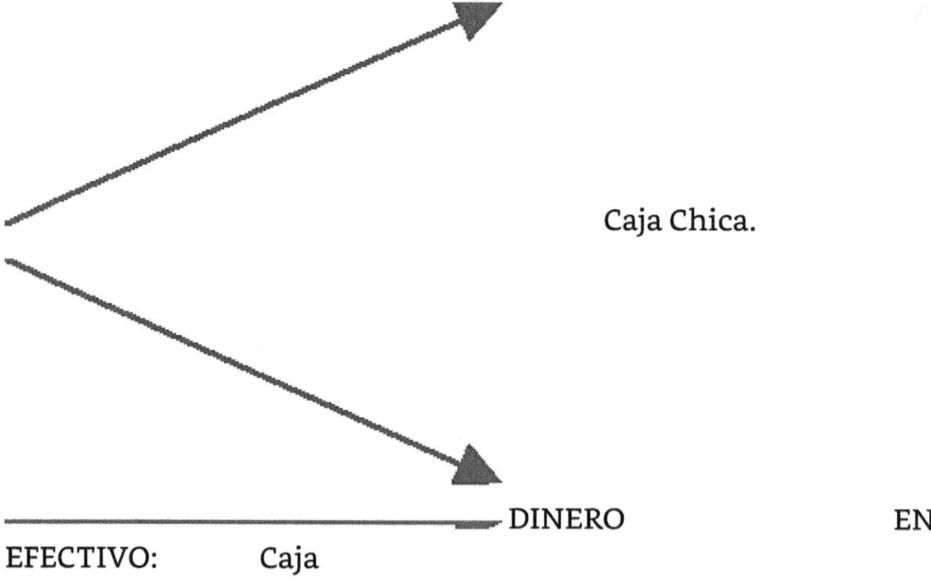

Caja Chica.

DINERO   EN EFECTIVO: Caja

Banco

Ejemplo:

Un negocio se inicia con Bs. 30.000,00, en dinero en efectivo solamente:

Vamos a elaborar un Balance General de Inicio:

CENTRO DE ESTUDIOS GERENCIALES:

NEGOCIO "X"
BALANCE GENERAL
Al día_____

ACTIVOS:		PASIVOS:			
Caja	Bs.	30.000,00	Capital		Bs.
30.000,00					
Total Activos		Bs. 30.000,00	Total Pasivos		
---------------			Y Capital	Bs.	30.000,00

Si el dinero lo tuviese depositado en el Banco, sustituimos la cuenta caja por Banco.

COMPOSICION DE LAS CUENTAS.

Cada una de las partes en que está compuesta una cuenta se llama PARTIDAS.

En contabilidad todo se forma con las cuentas: Los Balances se elaboran con las diferentes cuentas, sean cuentas de activos, de pasivos, de capital, etc.

INVENTARIOS.

Cuando una empresa se inicia, se debe elaborar un

Inventario General.

EL INVENTARIO DE MERCANCIAS:

Consiste en el conteo de las mercancías existentes, tomadas por su valor al costo, las mercancías en una empresa se registran bajo las cuentas de

"Inventarios de Mercancía" y puede ser Inventario Inicial de Mercancía o Inventario Final. El inventario final de mercancía se refiere al inventario que se hace cuando la empresa termina su periodo contable, al cual generalmente el 31 de diciembre. Este inventario final es el inventario inicial del próximo periodo contable.

Ejercicio:

Se inicia un negocio con 32.000,00 Bs. en mercancías; y Bs. 10.000,00 en dinero en efectivo, Acreedores por Bs. 4.800,00.

SOLUCIÓN
EMPRESA "X"
BALNCE GENERAL
Al día_____

ACTIVOS: PASIVOS:

Cajas   Bs. 10.000,00   Ctas. A pagar Bs. 4.800,00

Inventario   Total pasivos   Bs. 4.800,00
Inicial de
Mercancías   Bs. 32.000,00   CAPITAL:

    Capital   Bs. 37.200,00
    Total, Pasivos y
    Capital   Bs. 42.000,00

LIBRO DE INVENTARIO:

En este libro de registran detalladamente todos los inventarios, de la siguiente forma:

A. Detalles de las Mercancías: - Marca
- ✓ Tipo
- ✓ Modelo
- ✓ Diámetro
- ✓ Tamaño
- ✓ Capacidad
- ✓ Valor al costo.

Y cualquier otra información que especifique con mayor claridad las mercancías en existencia.

B. Si son de valores, se ve asentado cada deudor o acreedor son:
- ✓ Nombre, bien sea comercial
- ✓ No. De factura, recibo, nota
- ✓ No. De letras, pagaré
- ✓ Monto en Bolívares
- ✓ Etc.

Practica No. 1 de Inventario Resuelta:
Registrado en el Libro de Inventario:

Muebles Miranda se inicia con lo siguiente: dinero en efectivo Bs., 18.000,00; 5 juegos de cuarto moderno, en formica, matrimoniales, costo Bs. 4.000,00 c/u; 7 juegos de cuatro en pardillo, matrimoniales Bs. 3.500,00 c/u; 4 juegos de cuarto para señoritas en formica Bs. 1.850,00 c7u; 11 juegos de comedor redondo, de seis sillas, tapizadas en semi-cuero, costo Bs. 750,00; 10 juegos de recibos modernos, costo 1.000,00 c7u; Acreedores: banco Venezuela Bs. 10.000,00; Fabrica Industrial C.A., Bs. 15.600,00.

MODELO LIBRO DE INVENTARIO:
LIBRO DE INVENTARIO

FECHA	DESCRIPCIÓN	PRECIO UNIT.	SUB-TOTAL	TOTAL

El libro de inventario puede ser de las columnas que sean necesarias, siempre y cuando quede registrada toda la información.

LIBRO DE INVENTARIO

FECHA	DESCRIPCIÓN	PRECIO UNIT.	SUB-TOTAL	TOTAL
	CAJA: dinero en efectivo			18.000,00
	Mercancías: 5 juegos de cuarto modero en formica, matrimoniales.	4.000,00 3.500,00	20.000,00 24.000,00	
	7 Juegos de cuarto pardillo.	1.850,00	7.400,00	
	4 Juegos de cuarto, para señoritas.	750,00	8.250,00	
	11 Juegos de comedor redondo de 6 sillas, tapizados.	1.000,00	10.000,00	70.150,00 88.150,00
	10 Juegos de recibos modernos.	10.000,00		
	Total mercancías Total activos	15.600,00		25.600,00 62.550,00 88.150,00
	PASIVOS			
	PRESTAMOS RECIBIDOS Banco de Venezuela			

Ctas. A pagar Fabrica Industrial C.A Total Pasivos **CAPITAL** **Total Pasivos + Capital**				

CENTRO DE ESTUDIOS GERENCIALES

Más adelante veremos los sistemas y métodos de control de inventario:

- ✓ UEPS
- ✓ PEPS
- ✓ PROMEDIO

RESUMEN DE LO INDICADO EN EL CODIGO DE COMERCIO DE VENEZULA Y REGLAMENTO DE IMPUESTO SOBRE LA RENTA REFERENTE A LOS INVENTARIO.-

En los libros de Inventario se debe hacer descripción de todos los ACTIVOS, y de todos los pasivos, que posee la empresa al comenzar su periodo contable (de un año) y al terminar el mismo.

Los Activos comprenden todos los bienes, discriminados por sus respectivas partidas que integran cada cuenta.

Ejemplo: si estamos inventariando todo el mobiliario, debemos ir mencionando cada escritorio, con sus respectivas especificaciones y costo, cantidad, sillas, estantes, etc.

MODELO DEL LIBRO DE INVENTARIO:

El modelo que utilizaremos en las explicaciones según el gráfico de la página anterior, también podría llevarse en la siguiente forma:

FECHA	CONCEPTO	P/U	Bs.	DEBE	HABER
	10 ESCRITORIOS MEDIDAS X. 15 SILLAS FIJAS X. TOTAL MOBILIARIO	1.000,00 100,00	110.000,00 1.500,00	11.500,00	

EXPLICACIÓN DE SUS COLUMNAS:

P/U: Se coloca el precio unitario de cada partida.

DEBE: Se coloca el monto total por cada cuenta.
          Ejemplo: Total mobiliario.
          Es decir, que aquí se coloca el monto de todas las partidas que
          Integran una cuenta.

Bs.:   En la columna de Bs. se coloca el monto individual de cada partida.

HABER: Se colocan todos los pasivos, discriminándose por nombre del
          Acreedor, No. De documento, monto de la deuda, etc.

Aplicamos la ecuación A − P = C, y colocamos el capital liquido en el haber, pasando doble raya, con lo cual hemos terminado el inventario.

EXPLICACIÓN COLUMNAS. LIBRO DE INVENTARIO.

El libro que utilizaremos a continuación está formado por

tres (3) columnas:

1. Columna destinada a los precios unitarios.
2. Columna de sub-totales donde iría el total de la multiplicación del precio unitario (P/U), por el número de las unidades.

Ejemplo: Inventario de equipo de oficina:

FECHA	CONCEPTO	P/U	SUB-TOTAL	TOTAL
	50 máquinas de escribir eléctricas, con carro de 36 pulgadas, marca Venecia	1.600,00	80.000,00	

3. Columnas de totales, esta columna comprende el monto total de lo que representa una cuenta; por ejemplo: las cuentas de Inventario Inicial de mercancías, las cuentas a cobras, etc. E total representa la suma de los sub-totales pertenecientes a una misma cuenta.

Practica No. 2 de Inventario Resuelta:

INVENTARIO GENERAL DEL TALLER "A"

FECHA	CONCEPTO	BS.	SUB-TOTAL	TOTAL
	ACTIVOS: Dinero en efectivo			200.000,00
			10.000,00	
	CUENTAS A COBRATR Casa X una factura por Bs.	2.000,00	7.000,00	
			20.000,00	17.000,00
			30.000,00	
	Compañía			50.000,00

Los Teques, 1 recibo.

TOTAL CTAS. A COBRAR: Automotriz Juan P. 10 giros c/u. Cía. Del Llano, 1 pagare a 60 días.	20.000,00	15.000,00 20.000,00 8.000,00 40.000,00	83.000,00 350.000,00
TOTAL EFECTOS A COBRAR.	680,00 9.000,00	4.800,00 9.000,00	13.800,00 13.800,00
HERRAMIENTAS Y EQUIPOS: 1 señoritas de 2 toneladas. 1 juego de llaves X. 1 extractor mecánico. 2 gatos hidráulicos TOTAL HERRAMIENTAS Y EQUIPOS.			336.200,00 350.000,00

TOTAL ACTIVOS

PASIVOS:

EFECTOS A PAGAR:
Dist. Ayacucho 8 giras;
Dist.

Guaicaipuro 1 pagare.				
TOTAL EFECTOS POR PAGAR:				
TOTAL PASIVOS				
CAPITAL:				
TOTAL PASIVOS + CAPITAL				

Ejemplo: Inventario de Mercancías:

FECHA	DESCRIOPCIÓN	P/U	SUB-TOTAL	TOTAL
	Mercancía inventario inicial. 10 pulidoras marca Venecia. Equipadas con 6 cepillos c/u. 15 radios Tevenca de 5 bandas corriente-batería, modelos 2.000 9. lavadoras automáticas; marca CINA,	430,00 521,00 1.010,00	4.300,00 7.815,00 9.090,00	21.205,00

33

	modelo 2.000.			
	TOTAL MERCANCIAS			

Este ejemplo corresponde a un negocio que se dedica a la compra y venta de artefactos eléctricos.

DEFINICIÓN DEL LIBRO DE INVENTARIO:

Es el que contiene el capital de una forma muy específica y detallada.

CONTROL DE INVENTARIO:

Existen para controlar las existencias de mercancías; lo siguiente:

> A. Libros de almacenes
> B. Realizar Inventarios periódicos
> C. Kardez o sistemas de tarjetas

En las empresas el empleado que se encarga de llevar el control de existencias, se llama: a) Kardista, b) Almacenista, c) Jefe de depósito, d) Auxiliar de almacén, etc.

ASPECTOS LEGALES REFERENTES AL LIBRO DE INVENTARIO: CODIGO DE COMERCIO.-

El llevar un libro de inventario es obligatorio por parte de los comerciantes; en Venezuela, por ejemplo: se establecen en el código de comercio lo siguiente: "Todo comerciante al comenzar un giro y al final de cada año, hará en el libro de inventario una descripción estimatoria de todos sus créditos, activos y pasivos. Los inventarios serán por todos los interesados en la empresa: Gerente, presidente, Administrador, Contador, etc."

El mismo código, dice: "Los libros y sus comprobantes deben ser conservados durante 10 años, a partir del último asiento de cada libro."

ASPECTOS LEGALES: LEY DE IMPUESTO SOBRE LA RENTA Y SU REGLAMENTO. -

Del reglamento de la Ley de Impuesto sobre la Renta:

"Los libros y registros que conformen a la Ley y este reglamento deben llevar los contribuyentes, así como los comprobantes, deberán ser reservados por siete (7) años a contar del último día del lapso en que se debió ser presentada la extinguido las correspondientes obligaciones fiscales."

"Los comerciantes e industriales deben llevar, además de los libros que prescribe el código de comercio, los registros que sean necesarios para determinar correctamente sus enriquecimientos y dar cumplimiento a la Ley de este reglamento."

TEMA III - VENTAS Y COMPRAS A CREDITO

VENTAS A CRÉDITO

COMPRAS A CRÉDITO

COBROS Y PAGOS

VENTAS A CREDITO:
   Al hablarse de ventas, sean estas al contado o a crédito, estamos hablando de Ingresos; es decir , las ventas por ingresos y ya sabemos que se contabilizan en el haber.
   En las ventas netamente a crédito el negocio no recibe dinero.

DEFINICION DE INGRESOS:

   Es la entrada de dinero que se recibe por diferentes conceptos, ejemplo: Por servicios prestados, alquileres, reparaciones,ventas, comisiones, etc.

   Los ingresos se registran como créditos, debido a que

aumentan el Capital.

DEMOSTRACION GRAFICA

Debe   Haber

                                Ingresos

                                Capital

El Capital de una empresa esta representado en el Haber, por lo tanto, cualquier ingresos irá en el haber, por la sencilla razón de aumentar el Capital.

Cuando se realiza una venta al contado, tenemos una entrada de dinero y/o aumento de loa activos y a su vez tenemos una salida de mercancías y/o un ingreso.

REGISTRO DE UNA VENTA A CREDITO:

No todas las operacione de una empresa son al contado; y en muchos negocios , las mayorias de ellas son a crédito; como el caso de las Mueblerias, agencias de automóviles, etc.

PRACTICA RESUELTA:

Una mueblería, vendió un juego de cuatro por Bs. 13.000, oo, según factura de crédito No. 421.

Asiento:

LIBRO DIARIO

FECHA	CONCEPTO	DEBE	HABER
	--------- N ---------		
	Ctas a Cobrar	13.000,oo	
	Ventas		
13.000,oo			
	Ventas a Crédito		
	S/f No. 421.		

Vamos a analizar el asiento:

1.- Si se vende a crédito, no se recibe dinero en caja, porque la venta no es al contado.

2.- C uando se vende a crédito, le quedan debiendo al negocio; es decir, quedan las cuentas por cobrar.

3.- Se registra Cuentas a Cobrer en el Debe, porque es un Activo; aumenta los activos.

4.- Ventas en al Haber , porque:

a) Son ingresos
b) Son salida de menrcancías

Práctica para resolver:

Si la práctica anterior ha quedado clara, realice la siguiente:
Una muebleria compra a la Distribuido de Muebles Miranda: 15 televisores a Bs. 11.050,oo c/u , según factura a crédito No. 428.

Haga el asiento de diario de la distribuidora de mueble y el de la muebleria.

practica resuelta:

Trabajamos en repuestos caribes quien se dedica a la

compra y venta de repuestos para vehiculos.

FUNCIONAMIENTO DE LAS CUENTAS A COBRAR

DEBE   HABER

/----------------------/

Anotadas en el Debe

/---
----/

Anotadas en el Haber

Las anotaciones en el Debe de Cuentas a Cobrar aumentan.

Las anotaciones en el Haber de Cuentas a Cobrar disminuyen.

Regla:

Todas las cuentas de Activos aumentan en el Debe y disminuyen en le Haber.

Práctica resuelta:

Un deudor nos paga Bs. 1.500,oo a cuenta de su deuda.

LIBRO DAIRIO

FECHA	CONCEPTO	DEBE	HABER
	Caja	1.500,oo	
	Ctas.	a	Cobrar
1.500,oo			
	Por cobro a deudor		
	Sr. X.		

Explicación:

1.- Le damos entrada al dinero en Caja; por dos razones:
   a)   Las entradas sean de dinero o cualquier otro activo se registra en el debe.
   b) Se registra en el Debe porque es un aumento de activo.

2.- Abonamos a Cuentas a Cobrar porque hay una disminución de los activos, en   este caso las Cuentas por Cobrar, y ya sabemos que la disminución de activos van registradas en el Haber.

PAGOS.

Vamos a habalr de los pagos en sentido general, sean estas cuentas a pagar, etc.,
para la explicación utilizaremos las cuentas a pagar.

Funcionamiento de las cuentas a pagar.

Las cuentas a pagar funcionan así:
a.- En el debe disminuyen.
b.- En el Haber aumentan.

Regla:

Todas las cuentas de Pasivos aumentan en el Haber y disminuyen en el Debe.

LIBRO DIARIO - EL DEBE Y EL HABER

DEBE   HABER

Disminuyen

Aumentan

RECIBOS POR COBROS Y PAGOS.
REDACCIÓN DE RECIBOS:

Es uno de los documentos que se elaboran en caja para recibir o pagar dinero: en el primer caso, se le suele llamar comprobante de ingreso y en el segundo, comprobante de pago.

En las empresas generalmente estos recibos están en formatos pre-impresos, por lo tanto, el cajero que page o cobre sólo los llenará con los datos del deudor o acreedor correspondiente.

Si en la empresa no se llenan los formatos pre-impresos de recibo, debemos redactar los mismos observando lo siguiente:

La <u>redacción del recibo debe ser muy clara</u>, muy especifica, abundando en detalles de interés. Muchos contadores acostumbran a redactar recibos tipos telegramas; es decir, con una minima explicación que solo la conoce quien hizo la redacción. La <u>redacción debe ser amplia </u>mencionandose si estamos cobrando, a cuenta de que documento y de qué cuenta corresponde, si es abono a/c, o si esta cancelando el resto de su deuda , si estamos pagando sueldo a que semanas o dias corresponde: Sueldos diarios , descuentos efectuados, etc.

Si pagamos algo que nos toca elaborar el recibo, a quien le estamos pagando, por que concepto le estamos pagando, autorización, o según lo establecido, etc.

EJERCICIO: Un ejemplo.-

Si para descargar una mercancia se solicita una grúa, no debemos hacer un recibo así:

Hemos   recibido de_____por concepto de servicios de gruas descargando mercancias.

Recibi conforme,

_____

Más o menos el recibo de cobro de los servicios de la grúa debe contener lo siguiente:

Hemos recibido de la empresa, la cantidad de tantos bolivares (Bs._____), por concepto de servicios de grúa prestado en labores de descarga de mercancias en el día tal, durante un tiempo de trabajo de tanatas horas, con la grúa marca Chel, matriculada con placas n° tal.

De acuerdo a la autorización recibida según orden de trabajo n° tal, de fecha tal, anexa al presente recibo.

Recibi conforme,

_____

Nombre de la persona.

Cédula de Identidad

Importancia de la claridad de los comprobantes:

Al ser más claros los conceptos de los cobros y los pagos que se realicen, podemos llevar un mejor control sobre las entradas y salidas del dinero y para una mejor clasificación de los cargos y abonos al momento de efectuar los registros contables.

Practica resuelta.

La casa Portuguesa nos adeuda según recibo n° 804, Bs. 3.000,oo, por concepto de compras de mercancías, el día 19-12; y nos hace un abono a/c por Bs. 2.000,oo el día 30-12.

RECIBO POR Bs. 2.000,oo

Hemos recibido de la casa Portuguesa, la cantidad de dos mil bolivares, (Bs. 2.000,oo), por concepto de abono a/c de, s/f n° 804, de fecha 19-12.

Recibimos conforme,

_____

LIBRO DIARIO

FECHA	CONCEPTO	DEBE	HABER
	_____N°____		
	Caja	2.000,oo	
	Ctas. A cobrar		2.000,oo

TEMA N° IV - GASTOS E INGRESOS

LOS GASTOS E INGRESOS

PRINCIPALES CUENTAS DE GASTOS

CUENTAS DE INGRESOS.

LOS GASTOS.

Los gastos son disminuciones del Capital.

También se le definen como todo lo contrario a una inversión. Gasto es un sentido general, es lo que se paga por un servicio o bienes, que se utilizan por un tiempo determinado, y del cual sólo nos queda el servicio recibido.

Ejemplo: Cuando pagamos la luz eléctrica, teléfono, cuando se reparan los vehiculos, cuando pagamos el sueldo al personal, cuando pagamos el alquiler, en todos estos casos estamos realizando un Gasto.

Por medio de los gastos se obtienen Ingresos. Por ejemplo: Si una fábrica no contrata trabajadores no podría funcionar, igualmente si no tiene un local para realizar sus actividades, si tiene equipos, vehiculos tiene que gastar en su mantenimiento, pagar luz, teléfono, etc.

Registro de un Gasto.

Los gastos se registran como " débitos" porque son disminución de Capital.

Ejemplo: Si tiene un Capital de Bbs. 80.000,oo y llega a gastar Bs. 20.000,oo, sin obtener ingresos, su capital bajaría a Bs. 60.000,oo.

Principales Cuentas de Gastos:

Vamos a mencionar algunas de las principales cuentas de gastos; tenemos las siguientes:

a)   Gastos por sueldos.
b)   Gastos por articulos de oficina.
c)   Gastos de Vehículos.
d)   Gastos de Impuestos Municipales.
e)   Gastos de materiales, empaques y embarques.
f)   Gastos de alquileres.
g)   Gastos Generales.
h)   Gastos de publicidad.

a) Gastos por sueldos:

Los gastos por sueldo al personal, pueden estar clasificados por departamentos, clasificando empleados y obreros, llamados sueldos y salarios, clasificando las nóminas donde el personal directivo tenga nóminas aparte, etc.

Ejercicios:

Ejemplo: Pagamos jornada de trabajo correspondiente a la semana N° 8 a los obreros; por un total de Bs. 68.311,10 según nómina.

DEBE	*HABER*
Se registran	Se registran
Gastos. Dismi-	los ingresos.
Nuye el capital.	Aumenta el capital.

b) Articulos de Oficina:

Son los que se utilizan en los trabajos diarios en una oficina, como lo son: los lapices, el papel, engrapadoras, etc. También se les llaman: Efectos de oficina, papeleria y útiles de oficina, etc. En una empresa donde se lleve un control de estos articulos; o sea, se tenga un almacen o proveeduria, se deberá llevar la cuenta de "Existencia o Inventario de Articulos de Oficina.

Ejercicio:

Se compra en la Librería Universo, lo siguiente:

MUEBLERIA UNIVERSO
Nota de Contado N° 93
Fecha: _____
Cliente: Fábrica de Ropa.

3	Cajas de lapices	215,00
4	Engrapadoras	4.540,00
5	Cajas de carpetas	875,00
Total	5.630,00	

LIBRO DIARIO

FECHA	CONCEPTO	DEBE	HABER
	__N°__		
	Gastos de vehículos		8.900,oo
	Caja	8.900,oo	

Pago de peaje en las Autopistas:

Se define como el impuesto que cobra la Nación por la circulación de vehículos en ciertas vías; los cuales son utilizados en gastos de mantenimiento de esas mismas. También se acostumbra a cargar estos gastos a los gastos viáticos, otros gastos, o una cuenta separada.

c)   Impuestos Municipales:

Los Impuestos Municipales comprenden todo lo pagado a la Municipalidad por concepto de Patentes de Industria y Comercio, Derecho de Frente, el servicio del Aseo Urbano cuando depende de la municipalidad. También estos gastos se pueden llevar en las siguientes cuentas: Patentes de Industrias y Comercio, Gastos de Aseo Urbano, Derechos pagados o Impuestos Municipales. Muchos contadores registran el "Gasto del Aseo Urbano" en la cuenta de gastos Generales.

Práctica para resolver:

Averigue que es Patente de Industria y Comercio. Vaya al

Concejo Municipal de su localidad y solicite la información y llene como práctica una solicitud de patente de Industria y Comercio.

Ejercicio:

La empresa paga Derecho de frente por Bs. 250,oo al Municipio.

TEMA V

TEMA N° V - LIBRO MAYOR

EL LIBRO MAYOR
PASES AL MAYOR
APERTURAS DE FOLIOS EN EL MAYOR
CARGOS Y ABONOS A LAS CUENTAS DEL MAYOR
REFERENCIAS EN LOS LIBROS DIARIO, MAYOR
SALDOS DE LAS CTAS., BALANCE Y DETERMINACIÓN DE SALDOS.
BALANCE DE COMPROBACIÓN
FORMA DE LOCALIZAR ERRORES EN EL BALANCE DE COMPROBACIÓN.-

EL LIBRO MAYOR.

DEFINICIÓN:Es uno de los libros más importantes de toda empresa, que resume todas las operaciones que se vayan realizando.

Al libro mayor también se le llama de segunda anotación, ya que las operaciones una vez asentadas en el diario pasan al mayor.

En el libro mayor se llevan todas las cuentas de la empresa, dedicandose para ello un folio para cada cuenta.

Del libro diario las operaciones pasan al mayor, clasificadas por cuentas. Si la empresa lleva un código de cuentas en el libro mayor será abierto de acuerdo a dicho código, de lo contrario se seguirá el orden de las cuentas en el libro diario.

PASES AL MAYOR:

Los pases del Diario al Mmayor se hacen cuenta por cuenta, lo cual da origen a que por un asiento en el diario se abran en el mayor varias cuentas; es decir, varios folios.}

Al pasar un asiento del diario al mayor, se le llama:

- Pase al mayor.
- Mayorizar
- Traslado
- Etc.

Aperturas de folios en el mayor:

Cuando empezamos a pasar del diario al mayor, empezamos a abrir folios

Para cada una de las cuentas, comenzando por el folio N° 1, el cual será asignado a la primera cuenta del primer asiento que esté registrado en el Libro Diario.

Cuando ya se han asignado los respectivos folios todo el movimiento de cada una de las cuentas va registrado en su respectivo folio, esto quiere decir, que si tenemos abierto el folio a la cuenta de caja, todos los asientos en donde aparezcan Caja irá registrado en ese folio del mayor.

Cargos y abonos en el mayor:

Las cuentas se pasan al mayor, conservando sus respectivas columnas; es decir, que si la cuenta caja está en el diario registrada en el debe, se pasa al mayor, al debe; y si esta en el haber se pasa en el haber.

Procedimiento:

El libro diario es la fuente, de donde sacamos la información para hacer los pases al mayor.

Para hacer los pases al mayor se sigue el siguiente

procedimiento:

    1.-   Se empieza con el pase de las cuentas de débito, abriendose un folio en el mayor si no está abierto, del primer asiento del libro diario; es decir, la primera cuenta del primer asiento del diario se le asignaria el primer folio del mayor.

    2.-   Se continúa con la (s) cuentas de crédito o del haber del mismo asiento donde ya se han pasado los débitos en la misma forma como el caso anterior.

    3.-   Se sigue con el siguiente asiento del diario.

Formas de llevar el libro mayor:

    Muchas son las formas y procedimientos utilizados para llevar este libro y pueden ser:

a) Sistemas computarizados.
b) Sistemas manuales.

    Los cuales pueden ser:
a) Por tarjetas
b) Por hojas sueltas
c) Por libros encuadernados
d) Etc.

    Sus columnas pueden ser:
a) De dos columnas: Debe y Haber.
b) De tres columnas: Debe, Haber y Saldos.
c)   De cuatro columnas: Debe, Haber, Saldo deudor y Saldo acreedor.

    Siendo el mas usual el Libro Mayor de tres columnas, encuadernado, debido
A las ventajas y seguridad que ofrece al contador.

    Ventajas:
    1.- No podrán arrancar hojas o alterar la foliatura.
    2.- El saldo de cada cuenta lo podemos obtener a diario. Por ser el más utilizado haremos énfasis en este libro.

Ilustración de un mayor en tres columnas:

FECHA	CONCEPTO	DEBE	HABER	SALDO
	Llevar el libro mayor También es obligatorio Según lo establece el Código de Comercio de Venezuela.			

Saldo:

Se llama saldo a la diferencia que existe entre el Debe y el Haber de una cuenta.

Los saldos pueden ser: Deudores y Acreedores.

Se llama saldo deudor cuando el Debe es superior al Haber, como ocurre en las cuentas de activos, ejemplo: El saldo de la cuenta caja será siempre deudor.

Se llama saldo acreedor, cuando la columna del haber es superior a la del Debe.

SALDO DE LAS CUENTAS.

Cuentas de Activo: Siempre tendrán un saldo deudor.

Cuentas de los Pasivos y Capital: Siempre tendrán un saldo acreedor.

Cuentas de Ingresos: Siempre tendrán un saldo acreedor.

Cuentas de Egresos: Siempre tendrán un saldo deudor.

Ejercicio: Ejemplo

Tenemos el siguiente Asiento en el Libro Diario, y lo vamos a pasar al Mayor.

FECHA	CONCEPTO	REF.	DEBE	HABER
____1____				
Caja	50.000,oo			
	Capital		50.000,oo	
	Inicio de operaciones			

Ahora lo pasaremos al mayor:

LIBRO MAYOR

CAJA					FOLIO N° 1
FECHA	CONCEPTO	REF.	DEBE	HABER	SALDO
	Inicio de operaciones			50.000,oo	
50.000,oo					

	CAPITAL			FOLIO N°2	
FECHA	CONCEPTO	REF.	DEBE	HABER	SALDO
	Inicio de operaciones			50.000,oo	50.000,oo

Explicación:

1.- Abrimos un folio, el N° 1 que se lo asignamos a caja, debido a que caja es la primera cuenta que aparece.

2.- Se abrió el folio N° 2 a la cuenta de capital. Porque Capital es la segunda cuenta que aparece en el asiento de Diario.

3.- Se puede observar que cada cuenta se pasó conservando su respectiva columna, es decir, guie la cuenta que esta en el debe se paso al debe, y la cuenta que esta en el haber, en el diario se paso al haber en el mayor.

4.- Se colocarón las mismas cantidades en los saldos de cada cuenta, debido a que no hay otras cantidades.

COMO DETERMINAR EL SALDO EN EL MAYOR:

Recuerdese que el mayor se puede llevar en dos columnas, Debe y Haber, llamadas cuentas T, e esta forma: Ejemplo:

CUENTAS A COBRAR

DEBE	HABER
4.000,oo	2.000,oo

5.000,oo

1.500,oo   Se puede observar en el ejemplo como se determine el saldo; es decir, el saldo

corresponde a la columna que tenga

9.000,oo	3.500,oo

el

mayor cantidad en nuestro ejemplo

Debe quien esta por encima del Haber en 5.500,oo Bs.

BALANCE	5.500,oo

9.000,oo	9.000,oo

SALDO

5.500,oo

En resúmen:

En el Mayor de cuentas T. El saldo corresponde a la columna (Debe y Haber) que tenga mayor cantidad.

SALDO EN EL MAYOR DE TRES COLUMNAS.

Para determinar el saldo en el mayor de tres columnas, Ud., debe tener presente los conocimientos ya adquiridos sobre Activos, Pasivos, Capital, Ingresos y Egresos, visto en los temas procedentes, según la siguiente regla:

a)   Todas las cuentas de activos aumentan en el debe y disminuyen en el Haber; ejemplo: Caja. Cuentas a cobrar y efectos a cobrar.

b)   Todas las cuentas de pasivos aumentan en el Haber y disminuyen en el Debe; ejemplo: Cuentas a pagar, efectos a pagar.

c)   Las cuentas de capital, se le determinan el saldo igual que a los pasivos.

d)   Las cuentas de ingresos como por ejemplo: las ventas, aumentan ya que solo tienen cantidades en el haber, a menos que existan ajustes.

e)   Todas las cuentas de egresos van aumentando constantemente el saldo por anotaciones en el debe.

Ejemplos:

CUENTAS DE ACTIVOS   CUENTAS DE PASIVO
CAJA_CUENTAS A COBRAR   CUENTAS A PAGAR

DEBE	HABER	SALDO	DEBE	HABER	SALDO
30.000,oo		30.000,oo	60.000,oo		60.000,oo
	6.000,oo	24.000,oo		5.000,oo	
55.000,oo					
40.000,oo		64.000,oo		15.000,oo	
40.000,oo					
10.000,oo		74.000,oo		7.600,oo	47.600,oo
	20.000,oo	54.000,oo			

CUENTAS DE GASTOS Y COSTOS   CUENTAS DE INGRESOS

COMPRAS_GASTOS			VENTAS		
DEBE	HABER	SALDO	DEBE	HABER	SALDO
16.000,oo		16.000,oo		40.000,oo	40.000,oo
6.000,oo		22.000,oo		18.000,oo	58.000,oo
2.000,oo		24.000,oo			
33.000,oo		57.000,oo			12.000,oo
70.000,oo					
	1.200,oo	71.200,oo			

Ya con los conocimientos que Ud., tiene a esta altura del curso, puede aplicando lógica, determinar el saldo de cualquier cuenta; es decir, si el saldo debe aumentar o debe disminuir, le pondré un ejemplo: Supongamos que Ud., tiene en caja o le entra a Caja Bs. 10.000,oo, pero le sale (Haber) Bs. 4.000,oo. ¿ Cuál sería su saldo ?.

Otro ejemplo: La empresa compró mercancias por Bs. 70.000,oo y luego compró nuevamente por Bs. 35.000,oo ¿ Cuál sería su saldo en compra ?

Otro ejemplo: suponga que Ud., debe (Cuentas o efectos a pagar) Bs. 8.000,oo, y paga Bs. 2.500,oo. ¿ Cuánto esta debiendo ?; es decir, ¿ cuál es el saldo en cuentas a pagar ?

Continuando con el mismo Libro Mayor antes expuesto, vamos a elaborar un ejemplo en donde los saldos aumentan o disminuyen, o permanezcan iguales.

Ejercicio:
Tenemos el siguiente asiento en el Libro Diario, el N° 2.

BALANCE DE COMPROBACIÓN

AL 30 DE_____

	DEBE	HABER
01 Caja	31.415,10	
02 Ctas. A cobrar	43.100,oo	
03 Inv. Inic. De mercancia		61.540,20
04 Mobiliario y equip. De oficina		13.800,oo
05 Edificaciones	200.000,oo	
06 Terrenos	60.000,oo	
07 Ctas. A pagar		67.987,35
08 Capital	351.424,50	
09 Ventas	93.650,55	
10 Gastos de alquileres	16.000,oo	
11 Gastos de vehículos	1.961,40	
12 Impuestos municipales		1.850,oo
13 Compras	45.900,oo	
14 Gastos de publicidad		3.600,oo
15 Gastos generales	8.711,05	
16 Sueldos y salarios	11.333,90	
17 Materiales de empaques		11.816,oo
18 Efectos de oficina	2.034,75	
TOTAL	513.062,40	513.062,40

Práctica N° 2. Balance de Comprobación.

Durante el mes de julio se realizaron las siguientes operaciones:

Día 1: Se inicia con mercancias por Bs. 200.000,oo
   Dinero en efectivo Bs. 50.000,oo

Se venden dos juegos de cuartos así:

Uno al contado por Bs. 13.600,oo s/f N° 401, y recibiendo una inicial de

Bs. 1.100,oo s/r.

Día 3: Se hicieron los siguientes pagos:

Arrendamiento mes de junio Bs. 4.200,oo

Recibo de aseo mes de junio Bs. 40,oo

Trimestre de vehículo Bs. 160,oo

Compras de cintas para máquinas de escribir Bs. 148,oo

Día 5: Se vende al contado por Bs. 15.000,oo s/f N° 402-403-404-405.

Se paga por publicaciones de anuncios en la prensa Bs. 2.585,oo

Día 7: Se vende al contado por Bs. 13.610,oo

Se le paga semana de trabajo así:

2 vendedores c/u Bs. 1.560,oo

1 chofer Bs. 1.450,oo

Un obrero ayudante Bs. 1.220,oo

1 obrero limpieza Bs. 780,oo

Atodos se les descuenta el 4 % de seguro social.

Día 10: Un deudor nos abona Bs. 7.500,oo a/c

Se vende a crédito por Bs. 25.000,oo

Día 12: Vendemos un gabinete a crédito por Bs. 3.600,oo

Una máquina de escribir por Bs. 3.000,oo

Día 15: Se le paga quincena a:

El Contador Bs. 6.120,oo

Auxiliar de contabilidad Bs. 2.500,oo

Secretaria Bs. 2.450,oo

Compramos una calculadora por Bs. 4.000,oo dando inicial del 20% y el

resto según letra.

Día 18: Se hicierón las siguientes compras:

Cia. Zuliana, s/f N° 1100 a crédito Bs. 17.800,oo.

Fábrica la victoria, s/f N° 2040 a crédito Bs. 47.200,oo.

A la fábrica la victoria se le dió una inicial del 5% s/r

Día 20: Compramos dos papeleras para uso de la oficina en Bs.

118,oo

    Compramos un repuesto para la camioneta por Bs. 986,oo

Día 23: Pagamos por la reparación de la camioneta, factura por Bs. 3.339,oo

Día 25: Compramos una lampara por Bs. 328,50.

    Adquirimos útiles para la oficina por Bs. 1.507,20.

Día 30: Vendemos por Bs. 14.800,oo

    Recibiendo una inicial de Bs. 6.800,oo y la diferencia a crédito según

    giros.

    Pagamos recibo de teléfono por Bs. 401,80

    Pagamos recibo de luz eléctrica por Bs. 261,10

    Pagamos recibo de agua por Bs. 120,10

    Pagamos recibo de gasolina por Bs. 762,20 del mes.

Se requiere:

    1.-   Libro   Diario.   2.-   Libro   mayor 3.- Referencias

    4.-   Balance de Comprobación.

Práctica N° 3 Balance de Comprobación:

    El día 1 de octubre se inicia una Distribuidora de mobiliaria y equipos de oficina con el siguiente capital:

    Dinero en efectivo, depositado en el Banco de Venezuela, Bs. 500.000,oo. Mercancias por Bs. 1.001.800,oo, dos camionetas por Bs. 860.000,oo c/u, de los cuales se adeuda lo siguiente: Automotriz Los Teques, 20 giros a Bs. 12.000,oo c/u, y carros Venezuela 15 giros por Bs. 13.000,oo c/u, para su uso tienen lo siguiente: 5 escritorios a Bs. 10.600,oo c/u, 8 sillas a Bs. 1.300,oo c/u; entre armarios y estantes se invirtió Bs. 180.000,00;

5 calculadoras por Bs. 2.500,oo c/u . Una caja registradora Bs. 6.000,oo; 3 sacapuntas eléctricos por Bs. 900,oo c/u. Los siguientes acreedores: Un pagaré a la Casa España por Bs. 50.000,oo; una factura a la Compañía Maracay por Bs. 70.000,oo, 5 letras de cambio a la Casa Guárico a Bs. 5.000,oo c/u, dos facturas a la Compañía Los Teques por un total de Bs. 35.000,oo. Un préstamo del Banco Industrial por Bs. 200.000,oo.

Día 3: Vende de oficinas Caracas s/f 01 de crédito por Bs. 120.000,oo
    recibiendo una inicial de Bs. 40.000,oo

Día 5: Vende s/f 02 al contado Bs. 30.000,oo y s/f 3 Bs. 15.000,oo a crédito.
Día 8: Se le compra a la Fábrica de Muebles, 200 escritorios a Bs. 1.150,oo c/u,
    a crédito dándose inicial de Bs. 10.000,oo y la diferencia s/f a Bs. 30
    días.
Día 10: Vendemos mercancias por Bs. 150.000,oo s/f de crédito.
Día 12:Ppagamos a/c de facturas Bs. 10.000,oo.
Día 14: Realizamos las siguientes ventas:
     Casa Los Teques s/f de contado por Bs. 250.000,oo
Día 16: Un deudor nos abona a/c de su factura Bs. 20.000,oo
Día 18: A la fábrica de muebles, 200 escritorios ejecutivos por Bs. 1.400,oo
    c/u, dando inicial de Bs. 15.000,oo y la diferencia s/f 2.300,oo a 60 días.
Día 20: Pagamos letras de cambio por Bs. 5.000,oo.
Día 22: vendemos 20 escritorios ejecutivos por Bs. 1.200,oo c/u, recibiendo
    una inicial de Bs. 6.000,oo y la diferencia nos aceptan letras de cambio.
Día 24: Compramos una camioneta por Bs.250.000,oo dando una inicial de Bs.
    118.000,oo y la diferencia se aceptan letras de cambio.

Día 25: Compramos dos máquinas para uso por Bs. 2.800,oo c/u al contado.

Día 27: Adquirimos un local, con los siguientes casos:

La construcción por Bs. 180.000,oo y el terreno Bs. 250.000,oo pagado a

crédito en la siguiente forma: inicial por Bs. 50.000,oo, 2 letras de cambio a Bs. 40.000,oo c/u, un pagaré a 180 días por la diferencia.

Día 28: Compramos dos archivos para uso por Bs. 1.600,oo c/u, al contado.

Día 29: Compramos dos sacapuntas eléctricos por Bs. 900,oo al contado c/u.

Día 30: Vendemos 150 máquinas calculadoras por Bs. 2.750,oo c/u, recibiendo

como inicial Bs. 20.000,oo y por la diferencia un pagaré a 180 días fecha.

Pagamos una letra de cambio por Bs. 15.000,oo; pagamos a un acreedor

su factura por Bs. 20.000,oo; cobramos dos letras de cambio por Bs. 8.000,oo; cobramos una factura por Bs. 25.000,oo, dando una inicial de Bs. 25.000,oo y la diferencia según giros.

Se requiere:

1.- Libro Diario
2.- Libro Mayor
3.- Balance de Comprobación.

Práctica para resolver N° 4. Balance de Comprobación

Día 01: Una empresa abre cuenta en el Banco Sucre, depositado Bs. 320.000,oo

con lo cual se inicia. (Según comprobante y registro mercantil).

Día 02: Vende mercancias al contado Bs. 35.000,oo.

Día 03: Compra gasolina, aceite y grasa, etc., para mantenimiento

de los
vehículos por Bs. 780,oo, según cheque.
Día 04: Emite cheque por Bs. 2.000,oo a los fabricantes nacionales, por la
compra de materiales de empaques.
Día 05: Compra mercancias a crédito a los Venezolanos asociados por Bs.
12.500,oo.
Día 06: Vende a los hermanos Hernandez, mercancias por Bs. 110.000,oo
recibiendo su cheque N° 45867 del Banco Universal por Bs. 56.000,oo;
restando la diferencia; y un pagaré a 90 días por Bs. 30.000,oo.
Día 07: Cancela a un acreedor Bs. 5.500,oo según cheque del Banco Sucre a
Venezolanos Asociados.
Día 08: Por publicidad hecha al negocio, le cancela a radio solitario Bs. 1.700,oo
según cheque.
Día 09: Recibe el cheque N° 9867 del Banco Guaicaipuro Bs. 33.000,oo por
trabajos realizados.
Día 10: Compra mercancias por Bs. 32.000,oo, emitiendo un cheque por Bs.
6.000,oo y un pagaré a 60 días fecha, y el 5 % de intereses por la
diferencia. Cancela los intereses por adelantado del pagaré.
Día 21: Compra dos calculadoras para uso por Bs. 4.600,oo c/u pagando el 30%
de inicial y aceptando 2 giros por Bs. 2.000,oo c/u.
Día 22: En el acondicionamiento de las oficinas, gasto en tabiquerias, lámparas,
techo raso, etc., Bs. 50.000,oo para ser cancelado en 4 letras a 38,60,90
y 120 días.

Día 23: Se presentarón recibos por Bs. 6.700,oo por conceptos de anuncios, los
     cuales cancela el día 30.
Día 25: Para nómina a los trabajadores por Bs. 26.710,20, con descuentos de
     Bs. 820,50 para seguro social y 1.201,80, para seguro de vida.
Día 26: Los hermanos Hernandez nos devuelven Bs. 11.500,oo en mercancias.
Día 27: Se pagan servicios profesionales por Bs. 20.000,oo.
Día 28: Pagamos una deuda a Venezolanos Asociados quienes nos descontarón
     el 5,5%.

Día 29: Pagamos a un vendedor sueldo básico de Bs. 2.000,oo más la omisión del
     17% por ventas, por Bs. 27.500,oo.
Día 30: Recibimos prestamo a 18 meses por Bs. 200.000,oo al 11,75% de
     intereses, inicial descontados al momento de la operación.
Día 30: Recibimos factura de teléfono por Bs. 811,10, luz electrica por Bs.
     720,50; aseo por Bs. 10.000,oo. Solo pagamos el telefono y la luz
     eléctrica.
Día 30: Pagamos nómina así

Trabajadores:	Días:	Sueldo Básico:	Total:	Deducciones SSO. SV. CAH	Monto Neto
01	07	385,90			
02	07	461,20			
03	07	393,30			
04	07	482,20			
05	07	551,10			
06	07	643,90			
07	07	510,20			

_ Seguro Social el 4%
_ Seguro de vida 2 ¼ %
_ Caja de ahorro 6,5%

Día 30: Compramos papeleria para la oficina por Bs. 1.290,40, pagamos
    reparación de máquina de escribir Bs. 811,30.

Se requiere:
    Registre las operaciones en el libro diario.
    Haga los pases al mayor.
    Elabore el balance de comprobación.

Nota: al final de este tema se anexa una breve explicación sobre los cálculos de interés y porcentajes.

Práctica para resolver N° 5. Balance de Comprobación.

Día 1-8: Se abre una cuenta en el Banco "X", por Bs. 200.000,oo con lo cual se incrementa el capital.

Día 3-8: Compra a Fábrica del centro, mercancias por Bs. 200.000,oo dando inicial del 15% según cheque N° 232104.

Día 4-8: Vende al contado según 10 facturas por Bs. 131.220,oo depositandolo en el Banco así: 4 facturas en efectivo, 2 con cheques del Banco Unión a Bs. 18.100,oo y 15.200,oo; 4 con cheque del Banco Latino: Bs. 9.000,oo, 4.200,oo, 2.910,oo, y 10.950,oo.

Día 4-8: Vendemos a crédito por Bs. 60.000,oo a Casa España , según pagaré a 150 días y al 3,5%.

Día 5-8: Se compra una calculadora por Bs. 4.000,oo según cheque.

Día 6-8: Se compra mercancia a Casa Estelar por Bs. 28.500,oo según cheque.

Día 8-8: Pagamos sueldo según nómina al personal así: Monto Bruto de la nómina Bs. 15.000,oo, menos descuentos del Seguro

Social Bs.910,20.

Día 9-8: Vendemos una calculadora usada por Bs. 900,oo según cheque Banco Unión.

Día 10-8: Se cancela la luz eléctrica   por Bs. 1.915,60, según cheque.

Día 12-8: Se le pago al taller Mendoza Bs. 11.305,50 por arreglo de vehículo.

Día 15-8: Recibimos por Bs. 1.806,oo como inicial de venta por Bs. 6.000,oo.

Día 16-8: Pagamos a un vendedor comisión del 18% por ventas de Bs. 63.100,oo.

Día 18-8: Compramos un caucho para el camión por Bs. 3.900,oo según cheque a repuestos zulia.

Día 20-8: La casa España nos cancela los intereses a esta fecha, según cheque que depositamos en el banco, (4-8) calcule los intereses.

Día 23-8: Pagamos a casa Olivetti Bs. 2.810,oo por reparación de equipo de oficina.

Día 24-8: Pagamos alquiler del déposito por Bs. 7.000,oo a administradora Guaicaipuro.

Día 25-8: Pagamos al INCE Bs. 2.350,oo según cheque (cargese a aportes INCE)

Día 26-8: Por las ventas del día 4-8, nos hacen devoluciones por Bs. 10.000,oo.

Día 27-8: Compramos a la Compañía la India, 5 armarios para colocar mercancia a razón de Bs. 20.000,oo, los dos primeros y los restantes a Bs. 35.500,oo, con descuentos del 6% para las dos primeros y el 9% para los restantes. Se pago para transportarlos hasta el almacen Bs. 250,oo c/u, más un recargo del 15% sobre los últimos.

Día 28-8: Se pagan por alquiler de equipo Bs. 1.500,oo diarios a Equipos Unión, durante 1 ½ días.

Día 30-8: Pagamos a un abogado honorarios por Bs. 20.000,oo.

Se requiere:

- Libro Diario
- Libro Mayor
- Balance de Comprobación

REGLA DE INTERES SIMPLE. Breve explicación.

Para complementar su formación básica, a continuación explicaremos el cálculo de interes simple.

Comenzaremos por el cálculo de porcentajes.

Porcentajes:

Es el resultado de obtener un tanto por ciento(%)= (T) a una cantidad que podemos llamar Base (B); entonces diremos:

$$P = \frac{B \text{ por } T}{100} \qquad \text{Ejemplo: el 15\% de Bs. 2.500,oo= 375 así:}$$

$$P = \frac{2.500 \text{ por } 15}{100} \qquad 2.500 \text{ por } 0.15 = 375$$

$$\text{Para buscar: } B = \frac{P \text{ por } 100}{T}$$

$$T = \frac{P \text{ por } 100}{B}$$

Continuando con el mismo ejemplo:

Ahora bien, si necesitamos buscar el 15%, producido por Bs.

2.500,oo en 45 días:

En este caso la formula anterior donde buscamos el porcentaje no la podemos utilizar ya que tenemos otro elemento, el tiempo. Entonces utilizaremos la formula de interes simple.

1) $I = \dfrac{C.R.T}{100} =$ C.R.T Cuando el tiempo esta dado por años.

2) $I = \dfrac{C.R.T}{1200} =$ C.R.T Cuando el tiempo esta dado por meses.

3) $I = \dfrac{C.R.T}{36.000} = \dfrac{C.R.T}{360}$ Cuando el tiempo esta dado por días como es nuestro caso.

Se puede observar que en el planteamiento de las fórmulas hemos simplificado: Dividiendo entre 100 a R. R, 100. Ppor ello presentamos en primer momento las fórmulas sin simplificar , y luego ya simplificadas o divididas entre 100.

Solución al ejercicio: utilizaremos la fórmula N° 3, porque el tiempo esta dado en días (45 días).

$$I = \dfrac{C.R.T}{360} = \dfrac{2500 \text{ por } 15 \text{ por } 45}{36000} = \dfrac{2500 \text{ por } 0,15 \text{ por } 45}{360} = \dfrac{16.875}{360} = 46,87$$

Despejando las formulas encontraremos:

$$C = \dfrac{I}{R.T} \qquad \dfrac{I}{C.T} \qquad \dfrac{I}{C.R}$$

Práctica para resolver:

1.- Un banco realiza un prestamo por Bs. 100.000,oo y cobra el 8/5% en 68 días. ¿ Cuanto se paga de interes?

2.- Se pago por un pagaré Bs. 55.000,oo Bs. 185 de interes en un lapso de tres meses y medio. ¿Qué tanto por ciento se pagó?

3.- Por un producto s
e pago Bs. 800,oo cuyo costo de fabricación fue de Bbs. 350,oo. ¿Qué porcentaje tiene de ganancias el producto?

4.-   En 18 días y el 6,5% de interes simple anual, se pago de intereses en un pagaré Bs. 180,oo. ¿ Cuál es el monto del pagaré?

5.-   Una familia desea ganar Bs. 8.000,oo de interes en un Banco que paga el 9,75% de interes simple anual. Si deposita 60.000,oo Bs. Hoy. ¿Cuándo llegará a obtener la ganancia deseada?.

TEMA VI – CUENTAS REALES Y NOMINALES

CUENTAS REALES Y NOMINALES

CLASIFICACIÓN DE LAS CUENTAS.

Las cuentas se clasifican generalmente en: Reales y Nominales.

CUENTAS REALES.

Son todas aquellas que algunos llaman de permanencia, y comprenden las Cuentas de Activos, Pasivos, Capital y de Valuación.

Ejemplos: **ACTIVOS CIRCULANTES**:

Dinero en Efectivo: Caja, Bancos, Caja Chica.

Cuentas por Cobrar.

Efectos o Documentos por Cobrar.

Intereses por Cobrar.

Hipotecas por Cobrar.

Todo lo que este por Cobrar.

Inventarios: de Mercancía (final), de productos   en Proceso, de productos terminados.

Existencia de artículos de Escritorio u oficina, o papelería.

Gastos pagados por adelantado: Seguros Vigentes o Pre pagado; Alquileres pagados por anticipados.

Depósitos en Garantía.

Valores negociables: Acciones, títulos.

Inversiones: Inversiones en acciones

Bonos

Cédulas Hipotecarias.

ACTIVOS FIJOS:

Edificaciones

Terrenos

Vehículos o Equipos de Transportes.

Maquinarias.

Mobiliario o muebles y enseres.

Equipos de oficina

Herramientas

Equipos en general

ACTIVOS INTANGIBLES:

Patentes

Marcas de Fábricas

Plusvalía o Renombre Comercial.

ACTIVOS DIFERIDOS:

Gastos de Organización o de Instalación.

Mejoras en propiedades

PASIVOS:

Cuentas a pagar

Efectos a pagar

Retenciones por pagar.

Gastos acumulados por pagar: sueldos por pagar, impuestos y

Todos los gastos causados y no pagados.

Préstamos recibidos o por pagar, todo lo que está por pagar,

Efectos por cobrar descontados (se incluye también como

Valuación de activos).

PASIVOS O DEUDAS A LARGO PLAZO:

Bonos por pagar

Hipotecas por pagar
Préstamos a largo plazo.

PASIVOS DIFERIDOS:

Alquileres cobrados por adelantado.
Intereses cobrados por anticipados.

CAPITAL:

Cuenta de capital = Empresa de un solo dueño.
Capital Social = **Sociedades**
<u>La cuenta personal: Se registra en él debe del Balance</u>
General: Esta cuenta disminuye el Capital   y refleja los
Retiros que hace el propietario.
Beneficios y/o utilidades por repartir.

CUENTAS DE VALUACIÓN. (Haber del Balance General en

La hoja de trabajo).
También se les llama Cuentas Per-contras o contrarias, y
Cuentas de reducción, ya que disminuyen el valor de las
Cuentas de Activos, lo cual permite presentar estas cuentas
Con un valor más realista al momento del cierre del
Ejercicio Económico.
Ejemplo: Las depreciaciones acumuladas de cualquier activo
Fijo.
Amortizaciones Acumuladas.
Agotamiento Acumulado
Provisión Cuentas Incobrables
Más adelante veremos en detalles estas cuentas.

CUENTAS DE ORDEN:

Llamadas también de memorando, son cuentas que no afectan

El Activo, Pasivo o Capital y que se utilizan para dejar

Constancia de ciertos tipos de operaciones, que muchos

Solamente colocan como nota en los balances.
Estas cuentas se abren con nombres similares, tanto las de

Débito como las de créditos.

Ejemplo: Se utilizan para dejar constancia de avales

Otorgados o: Cuando se envían a un Banco para Gestionar su

Cobro.

Ejercicio:

Clasifique las siguientes Cuentas: Reales, Nominales, Valuación. Caja, Cuentas a Pagar, Depreciación Acumulada Equipo, Capital, Ingresos, Impuestos por Pagar, Vehículo, Edificaciones.

CUENTAS NOMINALES:

Son las Ciencias de Ingresos y Egresos que al final del periodo contable se cancelan mediante los asientos de cierre.

Ejemplo de Cuentas Nominales:

DE INGRESOS:

Ventas, Servicios prestados, Ingresos por honorarios, Ingresos por

Comisiones, Intereses cobrados.

DE EGRESOS:

Sueldos y salarios, Gastos de alquileres, Gastos de publicidad o

Propaganda, Gastos de Vehículos, Comisiones pagadas o gastos por comisiones, gastos por intereses o intereses pagados, cuentas incobrables o pérdidas en ctas. Incobrables, servicios públicos, sueldos a gerentes y directivos, sueldos a vendedores, gastos depreciación de: vehículos, edificaciones, mobiliario, equipos, etc.

Nota: las cuentas de depreciación acumuladas son de valuación, pero estos son gastos.

Gastos o Aportes al Seguro Social, Gastos Ince, Útiles de Oficina o Artículos de Oficina, Honorarios Pagados, Fletes de Ventas, Gastos de Impuestos o Impuestos pagados, Gastos de Seguros, Gastos de cobranza, Prestaciones Sociales.

Práctica para resolver:

A continuación se presentan unas series de cuentas para que las clasifique como: Activo, Pasivo, Capital, Ingresos y Egresos: Mobiliario, Gastos de arrendamiento, Ingresos por Servicios, Retenciones Caja de Ahorro, Equipo de Oficina, Depreciación de Mobiliario, Depreciación acumulada equipo de Oficina, Aportes al Seguro Social, Terreno, Gastos de Vehículos, Luz Eléctrica, Impuestos Pagados, Honorarios Cobrados, Sueldos de Vendedores, Reparaciones de Equipos Pagadas, Alquiler del Local, Edificaciones, Depreciación de Equipo de Oficina, Sueldo Personal Directivo, Gastos de Transporte, Comisiones Pagadas, Maquinarias, Instalaciones, Mejoras en Propiedades, Efectos por pagar, Prestamos Recibidos, Vehículos, Servicios Pagados, Cuentas a cobrar, Gastos de Publicidad, Pérdida en Cuentas Incobrables, Prestaciones Sociales.

TEMA VII - HOJA DE TRABAJO

HOJA DE TRABAJO SIMPLE

HOJA DE TRABAJO:

Es un borrador que prepara el contador al cierre del período contable con la finalidad de determinar y elaborar, lo siguiente.
- Los Asientos de Ajustes.
- El Costo de Ventas.
- La Utilidad o Pérdida.
- Los Estados Financieros.

La Hoja de Ocho (8) columnas:

Vamos a explicar el contenido de esta hoja, y posteriormente veremos la hoja con ajustes de doce (12) columnas.

Esta hoja presenta cuatro (4) columnas dobles (debe y Haber).

1) Balance de Comprobación: 2 columnas: Debe y Haber.
2) Costo de Ventas.
3) Ganancias y Pérdidas.
4) Balance General.

1) BALANCE DE COMPROBACIÓN:

Aquí en estas dos (2) columnas, se registran el Balance de

Comprobación formada por los saldos de las cuentas del Mayor, Deudor o Acreedor.

2) COSTO DE VENTAS:

Las siguientes dos (2) columnas corresponde a la determinación
Del Costo de Ventas.

Este se forma con los saldos de las siguientes cuentas del Balance de Comprobación: En él Debe: Inventario Inicial de Mercancías, las compras, los Fletes de Compras y los demás Gastos de Compras. En el Haber: Se incluyen las siguientes cuentas: Las Devoluciones, Rebajas y Descuentos en Compras, y el Inventario Final de Mercancías.

3) COLUMNAS DE GANANCIAS Y PERDIDAS:

Se registran todas las cuentas Nominales, con excepción de las
Registrados en el costo de ventas, así: En él Debe: Todas las cuentas de gastos y en el Haber: todas las cuentas de Ingresos.

Una vez determinado el costo de ventas de las columnas anteriores, ese costo (diferencia entre el Debe y el Haber) pasa al Debe de Ganancias y Pérdidas.

4) COLUMNA DEL BALANCE GENERAL:

En estas columnas se registran las Cuentas Reales; es decir, los
Activos, pasivos y capital: En él Debe, todos los activos y el Inventario Final de Mercancías; y en el Haber: Los Pasivos, Capital y Cuentas de Valuación.

Si del saldo o diferencia de las dos (2) columnas anteriores de Ganancias y Pérdidas, se determina que hubo pérdida, entonces dicho saldo pasa al debe del Balance General y, si por el contrario hubo ganancias, entonces se pasa al haber.

Hay pérdidas si los Egresos son superiores.

Hay Ganancias si los Ingresos son superiores.

SE DEBE TENER EN CUENTA:

A)   Que las cuentas después de registradas en el Balance de Comprobación se clasifican una sola vez, bien en el Costo de Ventas, en Ganancias y Pérdidas, o en el Balance General.

B)   Que cada cuenta conserva su respectiva columna al ser clasificada; es decir, que, si una cuenta esta en el Balance de Comprobación en él Debe, entonces deberá colocarse en él Debe en la clasificación que corresponda.

Concluyendo: Cada cuenta mantiene su columna al ser clasificada.

C)   Las cuentas se clasifican en su misma línea, sea este el Inventario

Final de Mercancías, el Costo de Ventas, La Ganancia o la Pérdida.

PROCEDIMIENTO PARA CERRAR LA HOJA DE TRABAJO

1) Costo de Ventas:

a) Se pasa una raya en él Debe y el Haber a nivel de la última cantidad y se totaliza cada columna.

b) Se determina la diferencia entre el total del Debe y el Haber, y se

Coloca dicha cantidad en la columna menor, de tal manera que él Debe y

El Haber cuadre.

c) La diferencia anterior representa el costo de venta y se pasa en su

Misma línea al Debe de Ganancias y Pérdidas.

d) Cumplido el paso "c" se cuadran ambas columnas: Debe y Haber, y se

Le pasa doble raya.

2) Ganancias y Pérdidas:

a)   Se repite el procedimiento "a" y "b" del costo de ventas.

b) La diferencia obtenida representa la Ganancia o la Pérdida.

c)   Si hubo ganancia o utilidad se pasa dicha cantidad en su misma línea al Haber del Balance General, y si por el contrario, hubo pérdidas se pasa al debe del balance general.

3) Balance General:

Al llegar a estas 2 columnas y totalizarse él debe y el haber, están deben

Cuadrar, de lo contrario hay errores.

Práctica resuelta:

A continuación presentamos una Hoja de Trabajo de ocho (8) columnas, con una práctica resuelta para que le sirva de guía en las Prácticas para resolver.

Práctica para Resolver: Hoja de Trabajo N° 1

Saldos del mayor de la empresa N° 1, al 31-12.

Caja	10.000, oo
Cuentas a cobrar	77.500, oo
Ventas	561.000, oo
Gastos de Comisiones	6.800, oo
Retenciones por Pagar	10.600, oo
Gastos Seguro Social	4.200, oo

Ingresos por Interés   *320, oo*

Hipotecas por Pagar	50.000, oo
Compras	200.000, oo
Fletes de Ventas	9.000, oo
Mobiliario	80.000, oo
Depreciación Mobiliario	8.000, oo
Efectos por Pagar	60.000, oo
Vehículos	300.000, oo
Honorarios Pagados	20.000, oo
Gastos de Instalación	90.000, oo
Servicios Públicos	15.122, oo
Inventario Inicial de Mercancía	190.500, oo
Ingresos por Servicios	39.000, oo

Devolución de Compras	11.735, oo
Sueldos de Vendedores	85.250, oo
Sueldos Administrativos	130.980, oo
Cuentas a Pagar	32.957, oo
Fletes de Compras	8.410, oo
Capital	500.000, oo

Equipo de Oficina   *45.000, oo*

Depreciación Acumulada de Mobiliario 16.000, oo

Cuentas Incobrables   850, oo

Nota: El Balance de Comprobación debe Cuadrar con 1.281.612, oo

El Inventario Final es de Bs. 163.131,40

Se Requiere:

Elaborar la Hoja de Trabajo.

Práctica para resolver: Hoja de Trabajo N° 2
Saldos del mayor de la empresa N° 2 al 31-12

Banco	126.100, oo
Efectos por Cobrar	200.000, oo
Efectos a cobrar descontados	50.000, oo
Maquinarias y equipos	350.000, oo
Terreno	420.000, oo
Existencias de útiles de Oficina	36.301, oo
Gastos Prestaciones Sociales	75.204,50
Gastos de Seguros	12.000, oo
Alquileres cobrados por adelantado	60.000, oo
Ingresos por Alquileres	190.000, oo
Ingresos por Servicios Prestados	260.000, oo
Sueldos de Vendedores	76.000, oo
Gastos de publicidad	25.000, oo
Comisiones Recibidas	176.000, oo
Papelería y útiles de oficina	7.303, oo
Retenciones Seguro Social	14.601, oo

Vehículos	400.000, oo
Depreciación de maquinarias y equipos	35.000, oo
Cuentas a Cobrar	156.700, oo
Sueldos de Directivos	110.000, oo
Seguros vigentes	12.000, oo
Provisión para Incobrables	9.500, oo
Intereses por Cobrar	3.450, oo
Cuenta Personal	28.000, oo
Mobiliarios y Equipos	60.000, oo
Comisiones Pagadas	33.700, oo

Capital	*1.000.000, oo*
Gastos de Organización	180.000, oo
Efectos por pagar	520.657,50
Devoluciones de Ventas	4.000, oo
Hipotecas a pagar	60.000, oo

Nota: El Balance de Comprobación debe ser igual a 2.340.758,50

Práctica para resolver: Hoja de trabajo N° 3

Saldos del mayor de una empresa a la fecha de cierre:

Banco	119.704,10
Caja Chica	203,50
Cuentas a Cobrar	290.701,10
Inv. De mercancía Inicial	130.000, oo
Compras	400.000, oo
Descuentos en compras	33.000, oo
Seguros pagados	16.000, oo
Sueldos y Salarios	160.000, oo
Efectos a Cobrar	100.000, oo
Efectos a cobrar descontados	30.000, oo
Seguros pagados por anticipados	60.000, oo
Intereses por cobrar	595,10
Edificaciones	1.200.000, oo
Terreno	500.000, oo

Publicidad Diferida	120.000, oo
Gastos de Alquileres	36.000, oo
Descuentos en Compras	8.000, oo
Ventas	551.000, oo
Vehículos	600.000, oo
Depreciación acumulada edificación	200.000, oo
Depreciación Acumulada Vehículo	60.000, oo
Seguro Social por pagar	12.000, oo
Retenciones caja de ahorro	28.000, oo
Provisión Ctas. Incobrables	19.000, oo
Reparaciones de equipos	7.700, oo
Devoluciones de ventas	12.000, oo
Fletes de compras	30.000, oo

Retenciones   de   Impuestos
8.540, oo

Servicios Públicos pagados	12.820, oo
Ingresos por Intereses	1.560, oo
Cuentas por pagar	51.100, oo
Capital	1.800.000, oo
Bonos por pagar	100.000, oo

Inversiones en acciones	*100.000, oo*
Artículos de Oficina	6.200, oo
Efectos por pagar	600.000, oo
Ingresos por servicios.	399.723,80

Nota: El Balance de Comprobación debe cuadrar con 3.901.923,80

Práctica para resolver: Hoja de Trabajo N° 4

Saldos del mayor de una empresa de servicios.

Banco	60.000, oo	
Ingresos por servicios		300.000, oo
Muebles y enseres		30.000, oo
Equipo de Oficina		36.200, oo
Gastos de Alquileres		48.000, oo

Depreciación Acumulada de Equipos de Oficina	1.800, oo
Artículos de oficina	3.900, oo
Luz y Teléfono	6.000, oo
Contribuciones	4.000, oo
Capital	100.000, oo
Cuentas a Cobrar	*37.500, oo*
Intereses pagados	*1.200, oo*
Efectos a Pagar	25.000, oo
Edificación	200.000, oo

Nota: El Balance de Comprobación es igual a 426.800, oo

TEMA VIII

LOS ESTADOS FINANCIEROS
MÁS IMPORTANTES

INTRODUCCIÓN.

E l principal propósito de la actividad empresarial es obtener ganancias. La empresa, no importa el tamaño, combina recursos, materiales y humanos para proporcionar bienes y/o servicios a los miembros de la sociedad.

La gerencia de cualquier empresa debe suministrar información adecuada a fin de tomar decisiones relacionadas con los objetivos de la organización.

Esa Información se proporciona mediante los informes

financieros y entre los cuales mencionaremos el Estado de Ganancias y pérdidas y el Balance General.

El Código de Comercio establece claramente que al final de cada año debe cerrar sus operaciones: Elaborar Inventario, Balance General y Estado de Ganancias y Pérdidas, todas las empresas de acuerdo con su periodo contable; es decir, cada año después de su información.

BALANCE GENERAL:

El Balance General llamado Estado de Situación, muestra la situación de una empresa en un momento dado; es decir, muestra la relación de los Activos, Pasivos y Capital.

ESTADO DE GANANCIAS Y PÉRDIDAS:

Mientras el Balance General es una relación de cuentas reales, el estado de ganancias y pérdidas es una relación de cuentas nominales.
Este Estado muestra la utilidad o la pérdida habida, durante un periodo.

1) EL BALANCE GENERAL CLASIFICADO:

Es la clasificación de los activos y pasivos en varias secciones o grupos.

A continuación, veremos los principales grupos de activos:
1) Activos circulantes.
2) Inversiones.
3) Propiedades, planta y equipo o activos fijos.
4) Cargos diferidos.
5) Activos Intangibles.

A continuación, veremos las clasificaciones de pasivos:

1) Pasivo circulante.
2) Pasivo a largo plazo o deudas a largo plazo.
3) Créditos diferidos.

Más adelante presentaremos modelos del Balance General clasificado.

1) LOS ACTIVOS CIRCULANTES:

En este grupo se incluyen a todo lo que circula, como por ejemplo al

Dinero en efectivo y otros activos que se espera, serán convertidos en efectivos, como las cuentas a cobrar y las mercancías que al ser vendidas se convierten en dinero.

Ejemplo: El dinero en efectivo.

- Los Valores negociables o Inversiones a corto plazo, comprende las inversiones, bonos, cédulas hipotecarias, participaciones y otros títulos, etc. Estas acciones o valores se pueden vender fácilmente; por ellos también se les llama inversiones transitorias. La presentación de estas cuentas dentro de este grupo se hace de lo más efectivo: Dinero, Caja, Banco, Cuentas y efectos a cobrar, mercancías, etc.

Se incluyen también en este grupo, todos aquellos pagos hechos por adelantado y que sobre-pasa el periodo contable, ejemplo: Seguros p/p adelantado llamado Seguros Vigentes, Alquileres p/p/a.

Estos activos son ajustados por la parte consumida durante el periodo contable.

- Cuentas por cobrar, los documentos a cobrar, los inventarios finales de

Mercancías, productos o materiales.

2) INVERSIONES:

Son los bienes que la compañía no piensa vender o consumir en sus

Operaciones durante el presente periodo contable. Son como valores negociables a largo plazo, ejemplo: Inversiones en acciones, bonos, cédulas hipotecarias, etc.

3) ACTIVOS FIJOS O PROPIEDADES PLANTA Y EQUIPOS:

Son todos aquellos bienes que se han adquirido con la

finalidad de que le presten un servicio, no con el fin de venderlos. Ejemplo: Mobiliarios, Equipos, Edificios, Vehículos, Etc. Llamados también Activos Tangibles.

Dentro del grupo de los activos fijos tenemos: Los Tangibles y los Intangibles.

3.1) ACTIVOS INTANGIBLES:

Comprende los derechos de autor, las patentes de inversión, plusvalía, derecho de explotación de recursos naturales, así como otros derechos registrados: Mejoras en propiedades arrendadas. Estas cuentas se llevan al costo de los mismos.

4) ACTIVOS DIFERIDOS.

Gastos de organización, Campañas publicitarias y gastos que cubren varios periodos y que anualmente se debe ajustar la parte consumida.

1) PASIVOS CIRCULANTES:

Está formado por las obligaciones que vencerán en un plazo menor de un

Año o durante el presente periodo contable. Ejemplo: Cuentas a pagar, préstamos a pagar, obligaciones acumuladas por pagar, retenciones a pagar, Impuestos estimados por pagar (es la cantidad que se estima se va a pagar de impuesto).

2) DEUDAS O PASIVOS A LARGO PLAZO:

Son deudas cuyos plazos de vencimiento son mayores de un año y son

Normalmente respaldadas por documentos legales como: Hipotecas por pagar, Bonos, etc.

3) PASIVOS DIFERIDOS:

Son todos los cobros hechos por adelantado, ejemplo: que pasan el

Periodo contable: alquileres cobrados por adelantados, seguro cobrados por anticipado, etc.

www.ingramcontent.com/pod-product-compliance
Lightning Source LLC
Chambersburg PA
CBHW051219170526
45166CB00005B/1967